BEI GRIN MACHT SICH IHR WISSEN BEZAHLT

- Wir veröffentlichen Ihre Hausarbeit, Bachelor- und Masterarbeit

- Ihr eigenes eBook und Buch - weltweit in allen wichtigen Shops

- Verdienen Sie an jedem Verkauf

Jetzt bei www.GRIN.com hochladen und kostenlos publizieren

GRIN ☺

Bibliografische Information der Deutschen Nationalbibliothek:

Die Deutsche Bibliothek verzeichnet diese Publikation in der Deutschen National-bibliografie; detaillierte bibliografische Daten sind im Internet über http://dnb.d-nb.de/ abrufbar.

Impressum:

Copyright © 2017 GRIN Verlag
Druck und Bindung: Books on Demand GmbH, Norderstedt Germany
ISBN: 9783346049520

Dieses Buch bei GRIN:

https://www.grin.com/document/501242

Franziska Scherer

Welche Schritte sind bei einer Unternehmensneugründung zu beachten? Eine Analyse des Unternehmens "Train with me"

GRIN Verlag

GRIN - Your knowledge has value

Der GRIN Verlag publiziert seit 1998 wissenschaftliche Arbeiten von Studenten, Hochschullehrern und anderen Akademikern als eBook und gedrucktes Buch. Die Verlagswebsite www.grin.com ist die ideale Plattform zur Veröffentlichung von Hausarbeiten, Abschlussarbeiten, wissenschaftlichen Aufsätzen, Dissertationen und Fachbüchern.

Besuchen Sie uns im Internet:

http://www.grin.com/

http://www.facebook.com/grincom

http://www.twitter.com/grin_com

Deutsche Hochschule für
Prävention und Gesundheitsmanagement
Hermann Neuberger Sportschule 3
66123 Saarbrücken

Einsendeaufgabe

Fachmodul:	Finanzierung und Unternehmensentwicklung
Studiengang:	MBA – Sport-/Gesundheitsmanagement
Datum **Präsenzphase:**	12.11. – 15.11.2018
Name, Vorname:	Scherer, Franziska
Studienort:	**Saarbrücken**
Semester:	**SS 18**

Inhaltsverzeichnis

1   **VORSTELLUNG DES UNTERNEHMENS** **4**

1.1   Das Geschäftsmodell „Train with me" 4

2   **BUSINESSPLAN** **6**

2.1   Idee und Geschäftsmodell 6

2.2   Markt- und Wettbewerbsbetrachtung 10

    2.2.1   Potenzielle und bestehende Mitbewerber 11

    2.2.2   Kunden 12

    2.2.3   Ersatzprodukte 13

    2.2.4   Stärken und Schwächen von „Train with me" 14

2.3   Test des Geschäftsmodells 15

2.4   Marketing und Vertrieb 16

2.5   Organisation 17

    2.5.1   Rechtsform 17

    2.5.2   Organigramm 17

2.6   Team und Personal 18

2.7   Lieferanten, Beschaffung, Produktion 18

2.8   Umsetzungsplan 19

2.9   Finanzplan und Finanzierung 20

    2.9.1   Investitions- und Kapitalbedarfsaufstellung 20

    2.9.2   Finanzierungsplan 20

    2.9.3   Rentabilitätsprognose 21

2.10   Chancen und Risiken 23

3   **EXECUTIVE SUMMARY** **23**

4   **LITERATURVERZEICHNIS** **25**

5   **ABBILDUNGS- UND TABELLENVERZEICHNIS** **26**

5.1   Abbildungsverzeichnis 26

5.2 Tabellenverzeichnis.. 26

1 Vorstellung des Unternehmens

1.1 Das Geschäftsmodell „Train with me"

Das Geschäftsmodell „Train with me" soll im Rahmen einer Unternehmensneugründung an den Markt gebracht werden. Bei „Train with me" handelt es sich um eine digitale Plattform für aktive Menschen, die nach Gleichgesinnten suchen, um gemeinsam ihr sportliches Hobby auszuüben. Die Plattform wird als Website und als App angeboten und richtet sich sowohl an Endverbraucher, die nach Trainingspartnern suchen, als auch an Sportanbieter wie zum Beispiel Personaltrainer und Kursleiter, die zu ihrer Dienstleistung (sofern ein persönliches begleitetes Training angeboten wird) einladen möchten. Dadurch wird die entstandene Community auch für Sportstätten wie Fitnessstudios, Sporteventveranstalter und Vereine interessant, um bei ihren Zielgruppen gezieltes Marketing zu betreiben und ihre Angebote anzupreisen.

Die Vision des Unternehmens „Train with me" ist es, junge Erwachsene und Menschen mittleren Alters (20-50 Jahre) mit Spaß an Bewegung und Sport zusammenzubringen, sodass sie sich gegenseitig begeistern, motivieren und unterstützen. Zunächst bedient die Plattform den deutschsprachigen Raum in der Branche der Sozialen Netzwerke und bleibt für den Endverbraucher kostenfrei. Die Plattform finanziert sich über einmalige und wiederkehrende Zahlungen der Geschäftskunden bei Inanspruchnahme der Plattform.

Die Plattform bietet für Endverbraucher:

- die Möglichkeit ein **Nutzerprofil** mit Angaben zur Person, Trainingsorten, Sportarten, Trainingserfahrung, aktuell angestrebten Trainingszielen, bevorzugten Eigenschaften potenzieller Trainingspartner, aktuellem Trainingsplan, Trainingsintensität und -häufigkeit zu erstellen
- **Such- und Filterfunktion** nach Orten, Sportarten, Trainingserfahrung, aktuell angestrebten Trainingsziel, Alter, Geschlecht, Trainingsintensität und -häufigkeit etc.
- **Verknüpfungs- & Chatfunktion**
- die Möglichkeit Trainingslocations und Trainingspartner **zu bewerten**, **Erfahrungen** und geteilte oder eigene Trainings (bspw. Jogging- oder Radstrecken) zu teilen

- **Schnittstelle App und Wearables**, sodass Trainingseinheiten nutzerfreundlich aufgezeichnet und geteilt werden können
- verschiedene **Foren** zu unterschiedlichen Sportarten (zunächst Radfahren, Wandern, Schwimmen, Fitnesstraining, Klettern/Bouldern) und **Rubrik Exklusivangebote** (Austausch der Nutzer über aktuelle Rabattaktionen, Rabattcodes etc., Exklusivangebote für Nutzer und Übersicht zu Vergünstigungen bei Partnern (siehe B2B))
- Jedes gemeinsame Training kann mit Bildern, einem Erfahrungsbericht und einer Bewertung des Erlebnisses in der Plattform gepostet werden und erscheint je nach Einstellungen bei der jeweiligen Person im Profil.

Für B2B-Kunden (Sportstätten, Sporteventveranstalter, Kursleiter, Personaltrainer, Sportartikelverkäufer, Hersteller von Wearables) bietet die Plattform folgende Funktionen:

- **Werbeflächen** in der App und auf der Website
- **Promotion von Marketingaktionen** (bspw. Fitnessstudio: Mitglieder werben Mitglieder-Aktionen, können für alle Parteien gewinnbringend auf der Plattform angepriesen werden)
- **Promotion von Events** (bspw. Hindernisläufe: Vorbereitungstrainingspläne werden vom Veranstalter geteilt und zur gemeinsamen Vorbereitung aufgerufen; es bilden sich eigenständig „Trainingsgruppen" zur Vorbereitung des Events; die Nutzer sehen, wer noch am Event teil nimmt/ sich vorbereitet)
- **Bekanntheitsgrad erhöhen** (über Präsentation der eigenen Community (bestehende Mitglieder der Sportstätte) und Bewertungen bzw. Empfehlungen)
- Leicht zu bedienendes **Organisations- und Zahlungstool,** um Events darzustellen, Einladungen (an „Train with me"-Nutzer) zu versenden und die erstellten Events über einen Link auch extern zu teilen. Diese Funktion ist vor allem für Privatanbieter, Personal- und Kleingruppentrainer interessant.

2 Businessplan

2.1 Idee und Geschäftsmodell

Die Idee zu „Train with me" entstand aus dem Alltag heraus: Als ich neu in meine jetzige Wahlheimat Stuttgart zog, kannte ich noch niemanden in dieser Gegend. Zu jener Zeit bestimmten einige sportliche Aktivitäten meine Freizeit: Fitnesstraining, Laufen und Crossfit-Training. Im Fitnessstudio ergaben sich außer belanglosen Konversationen und vereinzelten Verabredungen für eine gemeinsame Joggingrunde (wobei es dann auch blieb) keine langfristigen Kontakte. Ich beobachtete dort häufig, wie Menschen aufblühten, wenn sich eine längere Konversation ergab, sie sich über das Training austauschen oder sich gegenseitig unterstützen konnten. In den meisten Fällen blieb es jedoch dabei, ohne den Namen des Gegenübers erfahren zu haben. Den größten Anteil der Zeit trainiert jeder mit Kopfhörern ohne jeglichen kommunikativen Kontakt vor sich hin. Diese Erfahrung teilen aus meinem Freundes- und Bekanntenkreis viele Menschen. Auch Freibadbesuche waren zu dieser Zeit immer eine „Alleinunternehmung", weil ich nicht wusste, wen ich fragen könnte, mitzukommen.

Nach etwa sechs Monaten meldete ich mich erstmals in einer Crossfit-Box in Stuttgart an. Unter anderem, um Gleichgesinnte um mich zu haben, mit denen ich mich austauschen, neue Kontakte knüpfen und in der Gruppe eine neue Motivation finden konnte. Das funktionierte im regelmäßigen Kleingruppentraining recht gut. Doch durch häufige Geschäftsreisen war ich zu dieser Zeit auch viel unterwegs, verlor diesen Anschluss wieder und in fremden Städten fiel es besonders schwer kurzfristig eine geeignete Joggingroute oder einen Trainingsort, der meinen Ansprüchen entsprach, auszumachen. Wenn Google keine geeigneten Fitnesscenter in der Umgebung anzeige, verstrichen die Feierabende oft einsam vor dem TV im Hotelzimmer. Hier liefert „Train with me" die Lösung: Jeder der viel in fremden Studios trainiert, weis wie unangenehm es – ähnlich wie beim Suchen einer geeigneten Joggingstrecke - sein kann, in ein unbekanntes Studio zu kommen, sich erst einmal orientieren zu müssen und seine Geräte und deren Handling einzustudieren. Hinzu kommt für viele Menschen ein Unbehagen, als „Neuling" alleine unbekannte Lokalitäten oder auch unvertraute Aktivitäten zu erkunden. Man fühlt sich doch erfahrungsgemäß besser, wenn man nicht der einzige „Neuling" ist oder zuvor schon erkunden kann, wer und was einem an einem neuen Ort begegnen wird. Mit „Train with me" wird die Möglichkeit geschaffen, sich mit „Ansässigen" oder auch anderen „Neulingen" zu einem Training zu verabreden oder vorab auszutauschen, nachdem man in deren Profil die Übereinstimmung, der für einen individuell wichtigen Eigenschaften (Geschlecht, Alter, Trainingserfahrung, aktueller Trainingsplan etc.) sichergestellt hat. Außerdem besteht die Möglichkeit sich die „Community" einer Trainingsstätte (bestehende Mitglieder) vorab anzuschauen oder anderen Nutzern Fragen zu einer von ihnen bereits besuchten Trainingsstätte zu stellen.

Nutzerprofile werden mit einem vom Kunden gewählten Pseudonymnamen und freiwilligen Angaben zum Training erstellt. Durch die Möglichkeit der Profilverknüpfung (Freundschaftsanfrage) können Kontakte auch über längere Zeiträume und Distanzen gehalten werden, ohne persönliche Daten wie Mobilfunknummern oder das persönliche Social-Media-Profil auszutauschen.

Ein weiteres Motiv „Train with me" zu nutzen kann der Bedarf an einem „Leidensgenossen" sein, denn gemeinsam fällt es leichter diszipliniert zu trainieren und am gemeinsamen Trainingsziel zu arbeiten.

Außerdem bietet „Train with me" durch eine Chatfunktion und verschiedene Foren die Möglichkeit, sich mit anderen Sportlern auszutauschen und zudem zur gegenseitigen Motivation die eigenen Trainingseinheiten und -pläne zu teilen und sich im Gegenzug von anderen Nutzern inspirieren zu lassen.

Nun gibt es endlich die Möglichkeit, sowohl an fremden als auch bekannten Orten Trainingspartner, Vorbilder oder auch neue Freunde mit denselben sportlichen Interessen zu finden!

Denn dies ist ein großes Bedürfnis der Gesellschaft:

Im Geschäftsmodell „Train with me" wird großes Potenzial gesehen, da die Themen Bewegung, Sport und Social-Media-Nutzung sich aufgrund dem allgegenwärtigen Bewegungsmangel und sinkenden sozialen Kontakten außerhalb des Berufslebens immer größer werdender Beliebtheit erfreuen (Stiftung für Zukunftsfragen, 2018). Das wachsende Bedürfnis am Knüpfen sozialer Kontakte über Plattformen ist zum Beispiel an den Nutzerzahlen von Dating-Apps wie Parship.de, LoVoo und Tinder, die sich in Deutschland seit 15 Jahren an steigenden Nutzerzahlen erfreuen (Singlebörsen-Vergleich, 2018), deutlich zu erkennen.

Die beliebtesten Sportarten in Deutschland im Jahr 2017 waren Joggen, Radfahren, Schwimmen, Krafttraining und Wandern (SPLENDID RESEARCH , 2018). Allesamt Einzelsportarten, bei denen das Knüpfen von neuen Kontakten eher schwerfällt. Da der Fitnessmarkt in Deutschland (DSSV; Deutsche Hochschule für Prävention und Gesundheitsmanagement; Deloitte , 2018), Österreich (BRANCHENRADAR.com Marktanalyse GmbH , 2018) und der Schweiz weiterhin wächst und ebenso der Anteil derer, die beruflich unterwegs sind, wobei dies aktuell größtenteils Inlandreisen sind (Verband Deutsches Reisemanagement, 2018, S. 7f), wird für die Plattform bei diesen Zielgruppen großes Potenzial gesehen. Dies ist wichtig, denn der Mehrwert der Plattform setzt eine hohe Nutzerzahl voraus, die durch die für den Endnutzer kostenfreie Verfügbarkeit und eine maximale Endnutzerorientierung erreicht werden soll.

Im Folgenden werden anhand eines „Value Proposition Design Canvas" die Wünsche der Endnutzer der App dargestellt:

Value Map   **Kundenprofil**

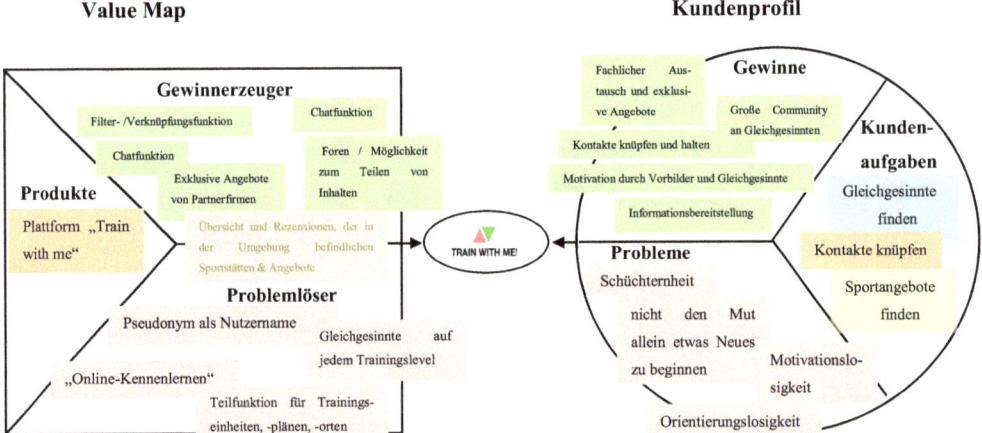

Abbildung 1: Value Proposition Canvas „Endnutzer"

Einnahmen werden von der zweiten Kundengruppe generiert: Eine hohe Nutzerzahl bzw. eine große Community von sportlich aktiven Menschen, bietet für Sportstätten, Leistungsanbieter und Veranstalter von Sportevents ein großes Potenzial, ihren Bekanntheitsgrad zu erhöhen und Angebote direkt bei der Zielgruppe zu platzieren. Zudem ist der Einfluss durch sogenannte Influencer für Unternehmen sehr wertvoll. Bis im Jahr 2020 steigt das Markvolumen für Influencer-Marketing in der DACH-Region laut Prognosen von Goldmedia auf 990 Mio. Euro, was einer jährlichen Wachstumsrate von 20 % entspräche (Goldhammer & Wiegand, 2018). Somit werden mit Geschäftskunden über Abonnements für eine Listung (ausführliches Profil mit Bildern, Bewertungsfunktion, Link zur Website) auf der Plattform, klassische Werbeanzeigen, Platzierungen von Angeboten und Rabattcodes und die Nutzung des Organisations- und Zahlungstools Einnahmen generiert. Aus dem Freundes- und Bekanntenkreis ist mir bekannt wie schwer sich gerade Freiberufler wie zum Beispiel Yoga-Lehrer/innen, Kursleiter/innen und Personaltrainer (oft ohne eigene Website und geringer Reichweite) tun, ihre Kurse und Events, die nicht in einem Studio stattfinden, zu promoten. Selbst einige größere Fitnessstudios greifen bei Events und Workshops zur Neukundengewinnung auf die Social-Media-Kanäle wie Facebook oder Instagram mit einer Verlinkung zum Eventtechnologieanbieter „Eventbrite" zurück, um die Veranstaltungsbuchung zu organisieren. Beides soll „Train with me" in einem vereinen.

In der Abbildung werden die Geschäfts-(B2B-) Kunden (Sportstätten, Eventveranstalter, Personaltrainer und Gruppenkursanbieter) in einer Value Proposition Canvas betrachtet. Für sie liefert die Plattform ein wertvolles Marketing-Tool, mit dem sie ihr Angebot bekannter machen und bewerben, ihre Community präsentieren und erweitern können und ihre Events und Veranstaltungen kinderleicht bei der entsprechenden Zielgruppe promoten können.

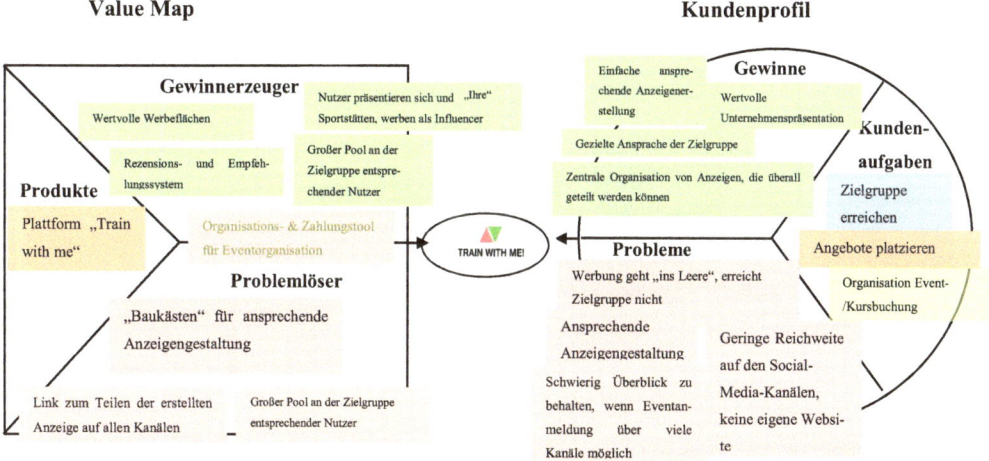

Abbildung 2: Value Proposition Canvas „B2B Kunden"

Im Folgenden ist das Geschäftsmodell „Train with me" in einem Business Model Canvas dargestellt:

Tabelle 1: Business Model Canvas „Train with me"

Schlüsselpartner	Schlüsselaktivitäten	Wertangebote	Kundenbeziehungen	Kundensegmente
• Sportstätten (Studios, Vereine, Kursanbieter) • Veranstalter von Sportevents • Influencer • Zahlungsdienstleister	• Plattformentwicklung und -wartung Website und App • Marketing • Community-Management	• Finden von Sportpartnern • Plattform zum Austausch und zur Motivation • Schnelles Knüpfen von Kontakten und Anschluss finden in fremden Städten • Exklusive Angebote für Nutzer	• „Train with me" - Community	• Aktive Menschen, die nach Gleichgesinnten zur gemeinsamen Hobbyausübung suchen • Sportstätten • Veranstalter von Sportevents
	Schlüsselressourcen		**Kanäle**	
	• Websitedevelopment • Appdevelopment • Marketing		• Social Media • Website • App	

Kostenstruktur	Einnahmequellen
• Marketing & Vertrieb • Website- & App-Entwicklung • Community-Management	• App-Downloads (über Werbeanzeigen) • Verträge mit Sportstätten und Sporteventveranstaltern für Listung und Promotion • Provision bei Nutzung des Organisations- & Paymenttools

2.2 Markt- und Wettbewerbsbetrachtung

Die Zielgruppe der Plattform „Train with me" umfasst einerseits Freizeitsportler im Alter von ca. 20 bis 50 Jahren, die nach einem Trainingspartner oder nach Austausch über ihr sportliches Hobby suchen und andererseits die Geschäftskunden, welche Sportstätten, Sporteventveranstalter, Sportanbieter und Sportartikelhersteller sind.

Somit wären zwei verschiedene Märkte zu betrachten, wobei der Fokus auf dem die Geschäftskunden betreffenden Markt liegt, da hier die Einnahmen sichergestellt werden. Das Marktgebiet begrenzt sich auf den deutschsprachigen Raum (Deutschland, Österreich und Schweiz).

Im Folgenden werden die Märkte nach den Kriterien des „Five Forces Modell" nach Porter bezüglich potenzieller und bestehender Mitbewerber, Ersatzprodukten und Kunden genauer betrachtet. Zulieferer spielen für das geplante Produkt keine Rolle, da es sich um ein digitales Produkt handelt und aktuell alle Leistungen unternehmensintern erbracht werden.

2.2.1 Potenzielle und bestehende Mitbewerber

Wettbewerber im Marktgebiet sind

- Websites und Apps mit ähnlicher Dienstleistung (siehe nachfolgende Tabelle)
- Foren zu Sport- und Trainingsthemen, die bereits im Internet bestehen
- Social Media Plattformen (Instagram, Facebook, …)
- Dienstleister wie Urban Sports etc., die übergreifende Fitnessstudioeintritte ermöglichen

Derzeit gibt es im Marktgebiet folgende Mitbewerber mit ähnlichen Angeboten:

Bezeichnung	Charakteristika
SPOYU	<ul><li>App Android & iOS</li><li>Außergewöhnlihce Sportarten</li><li>500 Downloads</li></ul>
Bvddy	<ul><li>App Android & iOS</li><li>englischsprachig</li><li>10.000 Downloads</li><li>viele Sportarten</li></ul>
TrainingspartnerApp	<ul><li>App Android & iOS</li><li>Klettern, Joggen, Raden, Fitness, Bouldern, Balancieren, Freeletics</li><li>1000 Downloads</li></ul>
Runclique / Cyclique	<ul><li>App Android & iOS</li><li>Spezialisiert auf Läufer & Radler</li></ul>
Spontacts	<ul><li>App Android & iOS</li><li>Allg. Unternehmungslustige, nicht explizit Sportler</li><li>500.000 Downloads</li></ul>
Sportpartnerbörse	<ul><li>Webportal</li></ul>
Facebookgruppen	<ul><li>Social Media</li><li>Sehr lokal</li><li>Nur auf eine Sportart/ Thema bezogen</li><li>Eigeninitiative erforderlich</li></ul>

Tabelle 2: Wettbewerbs- & Substitutionsprodukte für Endverbraucher

Für die Geschäftskunden (Sportstätten, Sporteventveranstalter, Kursleiter, Personaltrainer, Sportartikelverkäufer, Hersteller von Wearables, …) gibt es aktuell folgende Möglichkeiten ihre Zielgruppen zu erreichen:

Kundenaufgabe/Bedarf	Möglichkeiten	Vor-/ Nachteile
Digitale Anzeige entwerfen & schalten, Angebot platzieren	• Auf eigener Website • Auf allgemeinten Social-Media-Kanälen	∇ Viel Aufwand ∇ Kenntnisse nötig ∇ geringe Reichweite Δ geringe Kosten
Zielgruppe erreichen	• Auf allgemeinen Social Media Plattformen	∇ Unübersichtlich, da Buchung und Zahlung über Anzeige nicht möglich ∇ Zielgruppe kann zwar gefiltert werden, aber Nutzer sind nicht „auf der Suche nach gezieltem Thema"
	• Printmedien	∇ Sehr unspezifisch ∇ Nicht mehr zeitgemäß
	• Per Mal	∇ Mühsamer Aufbau von Pool an E-Mailadressen
Anmeldung und Zahlung von Event- und Kursbuchungen organisieren	∇ Manuell, per Telefon, E-Mail ∇ Management über Eventbrite und Promotion über Social Media	∇ Sehr hoher Aufwand ∇ Kompliziert

Tabelle 3: Wettbewerbs- und Substitutionsprodukte für Geschäftskunden

2.2.2 Kunden

Es werden zunächst die gewinnbringenden Geschäftskunden betrachtet.

Im Marktgebiet (Deutschland (8.988 Studios, ca. 10,6 Mio. Mitglieder (Deutsche Hochschule für Prävention und Gesundheitsmanagement, DSSV, Deloitte, 2018)), Österreich (1045 Studios, 740.000 Mitglieder (Süd, 2018)), Schweiz (1000 Studios, 750.000 Mitglieder (Schweizer Fitness- und Gesundheitscenter Verband SFGV, 2018)) befinden sich insgesamt ca. 11.033 Sportstudios mit insgesamt fast 12,1 Mio. Mitgliedern. Diese und alle kleinen Kursanbieter (z.B. Yoga-Studios, Freiberufler, Volkshochschulkurse, Personaltrainer, usw.), ebenso wie meist von Städten und Gemeinden geführte Sportlocations (z.B. Calistenics-Parks) sind potenzielle Kunden für eine Listung, Angebotsschaltungen und das Organisations- und Zahlungstool.

Dieses große Marktpotenzial soll Stück für Stück erschlossen werden.

Um von Beginn an eine funktionierende Infrastruktur zu schaffen, die Nutzer und Anbieter miteinander verknüpft, konzentriert sich der Vertrieb zunächst auf den Raum Stuttgart in Deutschland. Im Folgenden wird dieses Marktgebiet mit seinen Geschäftskunden betrachtet und segmentiert. Nach und nach werden gezielt weitere große Städte und Regionen in Deutschland, Österreich und der Schweiz erschlossen, indem ansässige Geschäftskunden gezielt angesprochen werden.

Im Raum Stuttgart ergeben sich insgesamt mind. 1.180 mögliche Geschäftskunden mit 2.585 Angeboten, die bei der Stadt Stuttgart gelistet sind und über die Plattform promotet werden könnten:

Kundensegment	Anzahl im Raum Stuttgart
Sportveranstaltungen im Jahr 2019	95
Sportkurse	125
Freizeitsport	1.860
Wettkampfsport	505
Sportstätten	1.180

Tabelle 4: Kundensegmente im Raum Stuttgart nach Landeshauptstadt Stuttgart (2018)

Von allen Zielkunden sind Kontaktdaten wie Mailadresse und Telefonnummer sehr leicht im Internet zu eruieren. Sie werden per Mail (mit Imagevideo, Vorstellung der Möglichkeiten der Plattform) und via Telefonaquise angesprochen und das Produkt und seine Möglichkeiten auf das Kundensegment individuell abgestimmt in einem Beratungstermin persönlich vorgestellt.

In einem weiteren Schritt könnten hier noch mehr Regionen, mögliche Geschäftskundenkategorien und die Endnutzer der Plattform und deren Verhalten, ihre Erreichbarkeit, etc. genauer betrachtet werden. Darauf wird an dieser Stelle nicht vertiefend eingegangen, weil es den Rahmen dieser Arbeit sprengen würde.

2.2.3 Ersatzprodukte

Zusätzlich zu den bereits unter Punkt 2.2.1 aufgeführten Substitutionsprodukten für Endverbraucher, werden hier die Ersatzprodukte für die Geschäftskunden betrachtet. Folgende Wege können Unternehmer ebenso nutzen, um Ihre Zielgruppe zu erreichen:

- Eigene Website

- Social Media Plattformen (Instagram, Facebook,)
- herkömmliche Werbemittel wie Flyer, Zeitungsanzeigen, Plakate

2.2.4 Stärken und Schwächen von „Train with me"

Im Folgen werden in einer Stärken- und Schwächenanalyse Risiken und Chancen der Plattform „Train with me" aufgezeigt und die Marktpositionierung verdeutlicht.

	Stärken	Schwächen
	• kostenfrei für Endnutzer • Spezialisiert auf Sport und Gesundheit, gleichzeitig breite Abdeckung von Sportarten	• leicht kopierbar • Start ohne Bekanntheitsgrad
Chancen • Zielgruppenspezifisch für Sportler • Alle Sportarten (auch außergewöhnliche) abdecken • Benutzerfreundlichkeit	→ USP und Nutzen im Marketing herausstellen	→ Maximal Nutzerorientiertes Angebot → hohe Kundenzufriedenheit
Risiken • konstant hohe Nutzerzahl nötig (Kunden springen ab, nutzen die App nicht regelmäßig)	→ Innovativ & "up to date" sein, Trend-Themen und qualitativen Content liefern!	→ Schnell viele Nutzer generieren & bekannt werden → Hohe Qualität halten

Tabelle 5: SWOT-Analyse "Train with me"

"Train with me" möchte sich insofern spezialisieren, als dass es eine Plattform für rein sportliches Kennenlernen und den Austausch zu sportlichen Themen ist, jedoch zu einer sehr **breiten Palette** an Sportarten und sportlichen Unternehmungen einlädt. Zudem wird sehr viel Wert auf die **Benutzerfreundlichkeit** der Plattform und die **Qualität** der Beiträge und Angebote gelegt, sodass eine langfristige aktive Nutzung und Kundenzu-friedenheit erreicht wird. Durch eine **frühzeitige Bekanntmachung** des Produkts und einen starken Fokus auf das Thema Marketing und Vertrieb wird ein schneller Einstieg und ein hoher Bekanntheitsgrad im Markt gesichert. Denn das größte Risiko für „Train with me" besteht darin, nicht genügend aktive Nutzer auf der Plattform zu haben. In den folgenden Kapiteln wird das Vorgehen diesbezüglich beschrieben.

2.3 Test des Geschäftsmodells

Da sich die Produkte und das Geschäftsmodell „Train with me" noch in der Entwick-lungsphase befinden, sollen die Geschäftsidee und die Ausrichtung der geplanten Ange-bote im Hinblick auf die angenommene Nachfrage überprüft werden, solange noch kei-ne hohen Entwicklungskosten entstanden sind.

Dazu wird nach dem Prinzip von Eric Ries (Ries, 2014) mit einem minimal funktions-fähigen Produkt (MFP) getestet:

Überprüft werden soll die Hypothese, dass in der Zielgruppe (Hobbysportler, 20-50 Jahre), das Bedürfnis am Knüpfen neuer Kontakte, finden von Angeboten und Verabre-dungen, Austausch zum Hobby und der Online-Selbstdarstellung besteht.

Hierzu wird ein Vorstellungsvideo auf den gängigen Social-Media-Kanälen geschaltet. In dem Imagevideo wird die Geschäftsidee präsentiert und die Adressaten dazu aufge-fordert, sich bei Interesse in eine Interessentenliste für einen Betaaccount einzutragen. Hierfür wird eine günstige Betaversion der Plattform mit Word Press erstellt. Dem Inte-ressenten wird hier die Möglichkeit geboten seine Sportart und seine Interessen bezüg-lich der Plattform näher zu beschreiben. Somit kann das Interessse getestet und zeit-gleich mögliche Early Adopters generiert werden.

Des Weiteren werden mind. 300 sporttreibende Personen in Sportstudios, in Parks und sonstigen Sportanlagen in Interviews befragt. Es werden offene Fragen nach Bedürfnis-sen, Wünschen und Anregungen bezüglich des Trainingsverhaltens gestellt, um die Problemhypothese zu prüfen.

Außerdem wird das Interesse der Geschäftskunden, mit denen die Einnahmen generiert werden sollen, überprüft.

Zunächst werden 100 Kursleiter, Kleingruppentrainingsanbieter und Personaltrainer befragt, um deren Bedarf und Wünsche, was die Organisation und ihre aktuelle Vorgehensweise, Events, Kurse und Workshops anzubieten, zu eruieren.

Zudem wird ein Crowdfunding Test auf einer provisorisch eingerichteten Website durchgeführt, auf der die Geschäftsidee präsentiert wird und zu einem Crowdfunding aufgerufen wird. So kann das Interesse möglicher Investoren im Voraus und ohne großen Aufwand „abgeklopft" werden.

2.4 Marketing und Vertrieb

Zunächst geht es darum genügend Nutzer auf die Plattform zu bekommen, um für die gewinneinbringenden Geschäftskunden attraktiv zu werden. Hierzu wird das Produkt möglichst früh bekannt gemacht, maximal benutzerorientiert entwickelt und angepasst (siehe hierzu „2.3 Tests" und „2.8 Umsetzungsplan"). Das Alleinstellungsmerkmal (USP) der Plattform „Train with me" ist die maximale Benutzerorientierung und -freundlichkeit.

Für die Bekanntmachung der Plattform, Gewinnung von Neukunden und der Nutzerbindung sind folgende Aktionen geplant:

Datum	Aktion	Beschreibung
15.03.2019 – 15.04.2019	Social Media- Kampagne: Verbreitung Imagevideo	Erstmalige Vorstellung, Bekanntmachung und Testung (siehe 2.3) des Produkts
15.06.2019 – 31.07.2019	Influencer-Marketing	5-10 Influencer mit mehr als 100k Followern, planen und promoten ein Sportevent mithilfe der Plattform → Möglichkeit erste B2B-Kunden zu gewinnen & Gewinnung erster User, Anregung des Austauschs.
01.05.2019 – 10.09.2019	Promotion bei Sportevents	Präsenz bei Hindernislauf- und Marathon- und Radevents → Bekanntheitsgrad bei Hobbysportlern erhöhen

Tabelle 6: Aktionen Endnutzermarketing

Auf das Endnutzermarketing soll an dieser Stelle nicht weiter eingegangen werden. Die Nutzung der App und der Website bleibt kostenfrei und die bereits beschriebenen Leistungen für den Endverbraucher werden durch die hier beschriebenen Aktionen bekannt gemacht.

Folgend ist der Marketing-Mix (4P-Modell) für Geschäftskunden dargestellt:

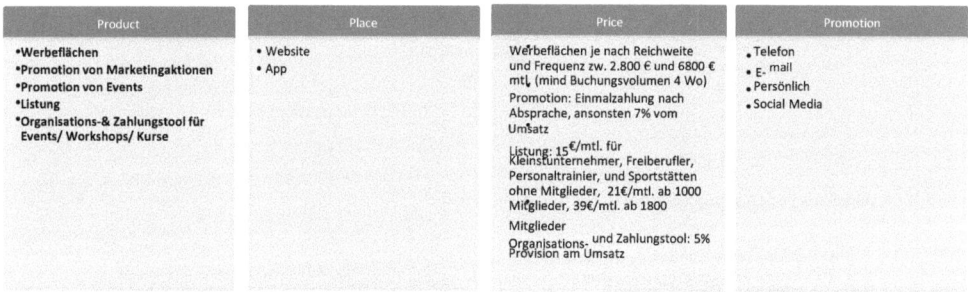

Abbildung 3 : Marketing-Mix für B2B-Kunden

2.5 Organisation

2.5.1 Rechtsform

Das Unternehmen „Train with me" wird aufgrund des geringen Startkapitals und drei Gründern, die gemeinsam die Geschäftsführung übernehmen, als Unternehmergesellschaft (UG haftungsbeschränkt) mit dem Ziel nach spätestens 5 Jahren in eine GmbH umgewandelt werden zu können, gegründet. Somit sind die Gründungskosten zunächst gering, da die Plattform erst einmal aufgebaut und belebt werden muss, um erste Einnahmen zu generieren.

2.5.2 Organigramm

Um Kosten zu sparen, entwickelte das Gründerteam die Geschäftsidee und die ersten Tests bisher selbstständig und im „Homeoffice". Sobald die Finanzierung geklärt ist, möchte das Unternehmen zunächst im Entwicklungsbereich (Design und Programmierung) jeweils ein bis zwei Personen einstellen, um den Aufbau der Plattform schnell voran zu treiben. Sobald die Plattform nutzungsfähig ist (15.06.2019), werden zwei weitere Personen im Marketing- und Vertriebsteam beschäftigt, um Kunden und Endnutzer zu gewinnen. Die Teams erhalten Weisungen von ihren jeweiligen Vorgesetzten (den drei Gründern), die Experten auf Ihrem Gebiet sind. Die Gründer tauschen sich untereinander zu bereichsübergreifenden und strategischen Themen aus.

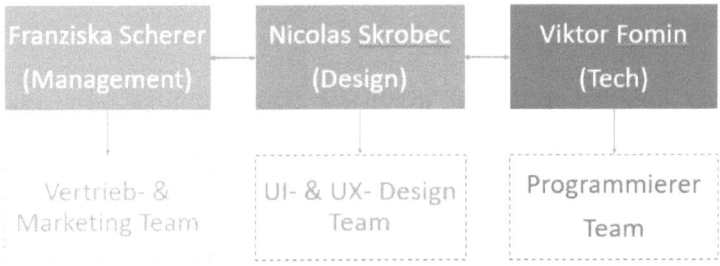

Abbildung 4: Organigramm Start-Up "Train with me"

2.6 Team und Personal

Das junge, sehr motivierte Gründerteam besteht aus drei Personen, die für ihre Idee brennen und sich in Ihrer Erfahrung und Ihrem Können für dieses Projekt optimal ergänzen:

- Franziska Scherer (MBA- Sport- und Gesundheitsmanagement cand., 7-jährige Erfahrung in der Sport- und Fitnessbranche)
- V. F. (M.A. Informationstechnik, Programmierer (Java, JavaScript, C++)
- N. S. (B.A. kommunikations- und Mediendesign, UX- und UI- Designer (5-jährige Berufserfahrung))

Den Werdegang (Lebensläufe) der drei Gründer finden Sie im Anhang.

2.7 Lieferanten, Beschaffung, Produktion

Da es sich bei „Train with me" um eine digitale Dienstleistung handelt und zunächst alle Leistungen intern erstellt werden, entfallen jegliche Besonderheiten und Planungen zu Lieferanten, Beschaffung und Produktion.

2.8 Umsetzungsplan

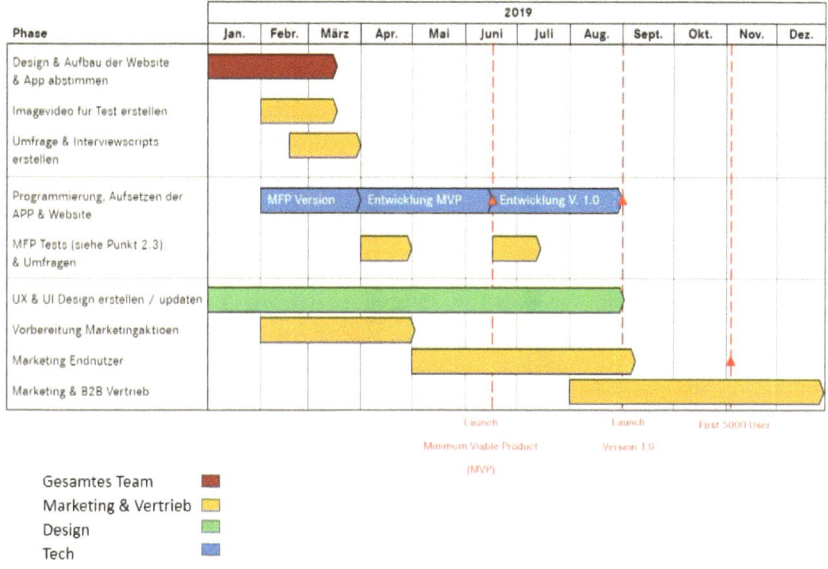

Abbildung 5: Gantt-Diagramm zum Umsetzungsplan

Die Abbildung zeigt die Umsetzung des Konzepts „Train with me" im ersten Jahr. Im Januar 2019 soll mit der praktischen Umsetzung begonnen werden, indem zunächst bereichsübergreifend der konkrete Aufbau und das Design der Website und der App festgelegt werden. Ab dem 01. Februar 2019 beginnt der Programmierer mit der Entwicklung der Website und Mobile-App, wobei zunächst eine MFP (minimal functional product)-Version für frühzeitige Tests (bis 01. April), dann eine Version mit den Grundfunktionen (bis 15. Juni) und zuletzt auf den Launch der Plattform in vollem Funktionsumfang (01. September) entwickelt werden. Parallel bereitet die Abteilung „Marketing und Vertrieb" die Materialien für die frühzeitigen Tests des Geschäftsmodells (siehe 2.3 Tests) vor, um die Produkte, sobald ein MFP entwickelt ist, gleich auf das Marktpotenzial und mögliche Verbesserungen zu prüfen (01. – 30. April). Weitere Tests sind nach dem Launch der MVP-Version (minimal viable product), was den ersten Meilenstein darstellt, vorgesehen (15. Juni – 15. Juli). Ab diesem Zeitpunkt ist die App und die Website erstmals für Endnutzer in ihren Grundfunktionen zu verwenden. Somit ist das gezielte Marketing für Endnutzer für den Zeitraum 01. Mai 2019 bis Anfang September 2019 angesetzt (zur konkreten Umsetzung siehe 2.4 Marketing und Vertrieb). Ab 02. August 2019 liegt der Fokus komplett auf dem Thema Marketing und Vertrieb: Es werden nun die Leistungen und Möglichkeiten der Plattform gezielt an B2B-Kunden vertrieben. Bis zum 10. November 2019 ist das Vorgesehen 5000 aktive User (Endnutzer) der Plattform zu generieren. Das Userexperience- und Userinterfacedesign wird laufend (weiter-)entwickelt und angepasst. Die zeitliche Planung der Umsetzung ist großzügig berechnet. In der jeweiligen Phase ist jeweils ein Puffer für unvorhergesehene Ereignisse eingeplant.

2.9 Finanzplan und Finanzierung

Folgende Tabelle zeigt den Bedarf an Anlage-, Umlauf- und Anlaufvermögen, um das Unternehmen „Train with me" „ins Rollen zu bringen":

2.9.1 Investitions- und Kapitalbedarfsaufstellung

Investitionsplan	
Ausstattung (Computer, Büroausstattung, Telefon…)	7.000 €
Gründungskosten (Anmeldung Gewerbe)	55 €
Anmeldung Domain	20 €
Anmeldung Marke	210 €
∑ **Anlagekapitalbedarf**	**7.285 €**
Anwalts- und Steuerberaterkosten	2.500 €
Tägliche Kosten	30 €
∑ **Umlaufkapitalbedarf (für 12 Monate)**	**9.700 €**
Private Lebensführung/ Löhne inkl. Nebenkosten (1 Monate)	9.750 €
Marketing	30.000 €
∑ **Anlaufkapitalbedarf (für 12 Monate)**	**147.000 €**
∑ **Gesamtkapitalbedarf**	**163.985 €**

Tabelle 7: Investitions- und Kapitalbedarfsaufstellung

2.9.2 Finanzierungsplan

Das Anlagevermögen von 7.285 € (siehe oben) kann durch das Eigenkapital der drei Gründer gedeckt werden. Es verbleiben weitere 17.715 € an Barmitteln, die auch das Umlaufvermögen für die ersten zwei Jahre in jedem Fall decken.

Zusätzlich wird ein Anlaufkapital von knapp 150.000 € benötigt, was für die private Lebensführung bzw. Löhne der Gründer und Angestellten innerhalb des ersten Jahres gebraucht wird, da erst gegen Ende des ersten Geschäftsjahres mit Einnahmen zu rechnen ist. Die folgende Tabelle zeigt die Quellen des benötigten Kapitals:

Finanzierungsplan	
Barmittel	25.000 €
Bankkredit	70.000 €
KfW-ERP-Gründerkredit	80.000 €
∑ Eigen- und Fremdkapital	175.000 €
Gesamtkapitalbedarf	163.985€
Über-/ Unterdeckung	+11.015 €

Tabelle 8: Finanzierungsplan

2.9.3 Rentabilitätsprognose

Folgende Tabelle zeigt die Wirtschaftlichkeit des Unternehmens in den ersten 3 Geschäftsjahren:

€ - Nettobeträge	1. Jahr	2. Jahr	3. Jahr
Werbeflächen	46.656 €	116.640 €	233.280 €
Promotion/ Kooperationen	8.505 €	28.350 €	42.525 €
Listung	1.196, 79 €	31.808,70 €	96.957 €
Organisations- und Zahlungstool	810 €	8.100 €	13.500 €
Erwartete Umsatzerlöse (∑)	57.167,79 €	184.898,70 €	386.262 €
Personalkosten	117.000 €	195.000 €	234.000 €
Marketingkosten	30.000 €	30.000 €	20.000 €
Abschreibungen (Annahme, alle Investitionsgüter werden innerhalb von 5 Jahren abgeschrieben)	1.400 €	1.400 €	1.400 €
Kreditrückzahlungen (KfW-Kredit + Bankkredit)	0 € (erstes Jahr tilgungs- frei)	24.000 €	24.000€
Zinsaufwand	1.113 €	2.048 €	2.048 €
∑ Betriebsaufwand	149.513 €	228.448 €	257.448 €
Betriebsergebnis	- 92.345,21 €	- 67.549,30 €	+ 104.814,00 €

Tabelle 9: Gewinn- und Verlustrechnung der kommenden 3 Jahre

Es ist davon auszugehen, dass die Plattform mit wachsendem Bekanntheitsgrad und steigender Nutzerzahl exponentiell mehr Umsatz macht. Während in den ersten beiden Geschäftsjahren der Fokus genau darauf liegt, ist im dritten Jahr mit einem deutlich positiven Betriebsergebnis zu rechnen. Der Rentabilitätsprognose gehen die folgend dargestellten Ziele und Annahmen voraus. Zur Berechnung der Einnahmen wurden jeweils die Mittelwerte der jeweiligen Leistung in Netto aus der geplanten Preisstruktur (siehe 2.4 Marketing und Vertrieb) entnommen.

Im ersten Jahr verbleiben drei Monate (Oktober, November und Dezember) in denen die ersten Geschäftskunden generiert werden. Die angestrebten, sehr realistisch geplanten Ziele der Geschäftsführung sind für die ersten drei Jahre diese:

	1. Jahr (Okt/Nov/Dez, 2019)	2. Jahr (2020)	3. Jahr (2021)
Werbeflächen	4 Kunden* * Ø Preis 4.800 € (3.888 € netto) Buchung von Ø 3 Mon/ Jahr	10 Kunden* * Ø Preis 4.800 € (3.888 € netto) Buchung von Ø 3 Mon/ Jahr	20 Kunden* * Ø Preis 4.800 € (3.888 € netto) Buchung von Ø 3 Mon/ Jahr
Promotion* * Preis wird individuell je nach Art und Reichweite der Unterstützung festgesetzt, es wird mit einem durchschnittlichen Buchungsvolumen von 3.500 € (2.835 € netto) gerechnet	3 Aktionen	10 Aktionen	15 Aktionen
Listungen* *weil die Kunden unter dem Jahr, aufgebaut werden, wird hier im ersten Jahr mit dem Faktor 2,5 Monate und in den folgenden (ganzen) Jahren mit einem Faktor von 8 Monaten gerechnet. Die genaue Planung der Zielzahlen in Monaten und Quartalen kann nachgereicht werden.	**5 "Großkunden" á 31,59 € netto** **10 Kunden "mittlerer Größe" á 17,01 € netto** **25 Freiberufler/ Mini-Studios á 12,15 € netto**	**40 "Großkunden" á 31,59 € netto** **50 Kunden "mittlerer Größe" á 17,01 € netto** **200 Freiberufler/ Mini-Studios á 12,15 € netto**	**100 "Großkunden" á 31,59 € netto** **200 Kunden "mittlerer Größe" á 17,01 € netto** **600 Freiberufler/ Mini-Studios á 12,15 € netto**
Nutzung Organisation- und Zahlungstool	30 über das Tool geplante Events * Ø Umsatz pro Event 540€	300 über das Tool geplante Events * Ø Umsatz pro Event 540€	500 über das Tool geplante Events * Ø Umsatz pro Event 540€

Tabelle 10: Annahmen Geschäftsentwicklung und Zielzahlen bis 2021

2.10 Chancen und Risiken

Die Chancen und Risiken, denen das Unternehmen im Markt gegenübersteht sind bereits im Kapitel 2.2.4 beschrieben.

3 Executive Summary

Gemeinsam fällt alles leichter und macht einfach viel mehr Spaß – sogar das unangenehmste hochintensive Intervalltraining, wird zusammen plötzlich machbar. Zudem liegt die Hemmschwelle, ein Training ausfallen zu lassen deutlich höher, wenn man sich dafür verabredet hat.

Im Fitnessstudio, wie auch im Park begegnen uns ab und zu Sport-Tandems und ganze Trainingsteams, die sich gegenseitig motivieren und austauschen. Wo haben die sich bloß kennengelernt?

Neben den unzähligen Date- und Flirting-Plattformen, gibt es mit „Train with me" nun endlich auch eine Community, wo du einen Sportbuddy oder gleich ein ganzes Team finden kannst, um gemeinsam zu schwitzen, eure Trainingsziele zu erreichen und euer Hobby und eure Erlebnisse sowie Fortschritte zu teilen.

Finde Gleichgesinnte in deiner Stadt, deinem Studio, auf deiner Joggingstrecke, aber auch überall, wo du neu oder zu Besuch bist!

Du hast ein außergewöhnliches Sporthobby? Teile es mit uns! Es gibt bestimmt viele Interessierte in deinem Umfeld.

Und das Beste zum Schluss: Diese digitale Möglichkeit, viele interessante Menschen kennenzulernen, deinen Freundeskreis zu erweitern, dich mit Insidern auszutauschen, neue Trainingsorte zu entdecken oder einfach deine Freizeit gemeinsam aktiv zu gestalten, ist und bleibt für alle Nutzer kostenfrei!

Denn die Social-Plattform „Train with me" ist höchst interessant, für alle Unternehmen, die die Zielgruppe „Freizeitsportler" ansprechen möchten: Sportartikelhersteller, Sportstätten, Fitnessstudios, Vereine, Personal- und Kleingruppentrainer, Sporteventveranstalter und viele mehr. „Train with me" bietet viele Möglichkeiten diese Zielgruppe zu erreichen: Zum einen durch klassische Werbeanzeigen, die zielgerichtet und kostengünstig geschaltet werden können und garantiert bei den Zielpersonen ankommen, Präsentation des eigenen Unternehmens auf der Plattform, Promotion von Aktionen und Events über Forenbeiträge oder auch Influencer-Marketing und ein Organisations- und

Paymenttool, mit dem es kinderleicht ist Veranstaltungen ansprechend darzustellen, die Anmeldung und Zahlung zu organisieren und genügend Interessenten anzusprechen. Somit ist „Train with me" ein höchst effizientes Marketingtool für nahezu jedes Unternehmen, das Sportprodukte oder -dienstleistungen an den Mann oder die Frau bringen möchte.

Der Fitness- und Gesundheitsmarkt wächst ebenso wie der Markt für Sportartikel, der Markt für digitale Produkte und der Markt für Influencer Marketing weiter (siehe Kapitel 2.2). Deshalb wird großes Potenzial in der innovativen und einzigartigen Social-Plattform gesehen.

Der Anspruch der Gründer an die in neun Monaten entwickelte App und die Website ist, dass die Plattform maximal benutzerfreundlich aufgebaut ist und für die Endnutzer einen qualitativ hochwertigen Mehrwert schafft.

Zunächst liegt der Fokus auf der Gewinnung möglichst vieler Nutzer. Der Break-Even-Point wird im dritten Geschäftsjahr erreicht. Der Kapitalbedarf für die Existenzgründung beträgt 163.985 €, wobei Anlage- und Umlaufvermögen durch das vorhandene Eigenkapital großzügig abgedeckt werden. Das Anlaufvermögen von 147.000 € wird durch Fremdkapital finanziert.

Das Gründerteam besteht aus drei sich bei ihrem Vorhaben bestens ergänzenden Experten aus den Bereichen Business Administration, Informationstechnologie und Digital Design, die sich sowohl privat als auch geschäftlich bestens verstehen und für die Vision, Menschen mit Freude an Sport und Bewegung zu vernetzen, brennen.

Erfahren Sie auf den folgenden Seiten mehr über dieses Geschäftsmodell mit außerordentlichem Entwicklungspotenzial.

4 Literaturverzeichnis

Bienert, P. D. (Dezember 2017). *Arbeitspapier 190 der Fakultät IV (BGM)*. Von www.fh-hannover.de/f4: https://f4.hs-hannover.de/fileadmin/media/doc/f4/Aktivitaeten/Veroeffentlichungen/2007/190 .pdf abgerufen

BRANCHENRADAR.com Marktanalyse GmbH . (8. Dezember 2018). *www.statista.com*. Von https://de.statista.com/statistik/daten/studie/880718/umfrage/mitglieder-in-fitnesscentern-in-oesterreich/ abgerufen

Deutsche Hochschule für Prävention und Gesundheitsmanagement, DSSV, Deloitte. (14. Dezember 2018). *Statista - Das Statistik-Portal*. Von https://de.statista.com/statistik/daten/studie/5966/umfrage/mitglieder-der-deutschen-fitnessclubs/ abgerufen

DSSV; Deutsche Hochschule für Prävention und Gesundheitsmanagement; Deloitte . (8. Dezember 2018). *www.statista.com*. Von https://de.statista.com/statistik/daten/studie/5966/umfrage/mitglieder-der-deutschen-fitnessclubs/ abgerufen

Goldhammer, P. D., & Wiegand, D. A. (10. Dezember 2018). *www.goldmedia.com*. Von https://www.goldmedia.com/produkt/study/marktstudie-influencer-marketing-in-der-region-dach/ abgerufen

Landeshauptstadt Stuttgart. (14. Dezember 2018). *Sportwegweiser Stuttgart*. Von https://service2.stuttgart.de/lhs-services/sww/index.php?pageindex=0&uid=1000 abgerufen

Meißner, O. (14. Dezember 2018). *Marathon-Ergebnis.de*. Von http://www.marathon-ergebnis.de/LaeufeDeutschland.html abgerufen

meisterleistung-Bewegung und Coaching GmbH. (1. Oktober 2018). *www.meister-leistung.com*. Von https://www.meister-leistung.com/Philosophie.70.0.html abgerufen

Pott, O., & Pott, A. (2012). *Entrepreneurship. Unternehmensgründung, Unternehmerisches Handeln und Rechtliche Aspekte*. Springer Gabler.

Ries, E. (2014). *Lean Startup - Schnell,risikolos und erfolgreich Unternehmen Gründen*. München: Redline Verlag.

Schweizer Fitness- und Gesundheitscenter Verband SFGV. (12. Dezember 2018).
    www.swissinfo.ch. Von https://www.swissinfo.ch/ger/wirtschaft/schweiss-und-
    gute-vorsaetze_fitness-ein-boomender-markt/42945760 abgerufen

Singlebörsen-Vergleich. (8. Dezember 2018). *www.statista.com.* Von
    https://de.statista.com/statistik/daten/studie/76504/umfrage/anzahl-der-nutzer-
    von-online-dating-boersen-seit-2003/ abgerufen

SPLENDID RESEARCH . (7. Dezember 2018). *Statista - Das Statistik-Portal.* Von
    https://de.statista.com/statistik/daten/studie/267483/umfrage/beliebteste-sport
    abgerufen

Stiftung für Zukunftsfragen. (8. Dezember 2018). *www.freizeitmonitor.de.* Von
    http://www.freizeitmonitor.de/zahlen/daten/statistik/freizeit-
    aktivitaeten/2018/die-beliebtesten-freizeitaktivitaeten-der-deutschen/ abgerufen

Süd, M. (12. Dezember 2018). *www.wko.at.* Von
    https://www.wko.at/site/Fitnessbetriebe/Der-Fitness-Markt-in-Oesterreich.html
    abgerufen

Verband Deutsches Reisemanagement. (8. Dezember 2018). *www.vdr-srvice.de.* Von
    https://www.vdr-service.de/fileadmin/services-
    leistungen/fachmedien/geschaeftsreiseanalyse/VDR-Geschaeftsreiseanalyse-
    2018_GRA.pdf abgerufen

5   Abbildungs- und Tabellenverzeichnis

5.1 Abbildungsverzeichnis

Abbildung 1: Value Proposition Canvas „Endnutzer" 8
Abbildung 2: Value Proposition Canvas „B2B Kunden" 9
Abbildung 3 : Marketing-Mix für B2B-Kunden 17
Abbildung 4: Organigramm Start-Up "Train with me" 18
Abbildung 5: Gantt-Diagramm zum Umsetzungsplan 19

5.2 Tabellenverzeichnis

Tabelle 1: Business Model Canvas „Train with me"... 10
Tabelle 2: Wettbewerbs- & Substitutionsprodukte für Endverbraucher.................................. 11
Tabelle 3: Wettbewerbs- und Substitutionsprodukte für Geschäftskunden 12
Tabelle 4: Kundensegmente im Raum Stuttgart nach Landeshauptstadt Stuttgart (2018) 13
Tabelle 5: SWOT-Analyse "Train with me"... 14
Tabelle 6: Aktionen Endnutzermarketing... 16

Tabelle 7: Investitions- und Kapitalbedarfsaufstellung 20
Tabelle 8: Finanzierungsplan 21
Tabelle 9: Gewinn- und Verlustrechnung der kommenden 3 Jahre 21
Tabelle 10: Annahmen Geschäftsentwicklung und Zielzahlen bis 2021 22